7 K
73

INSTITUT DE FRANCE

ACADÉMIE DES SCIENCES.

DISCOURS PRONONCÉS

A L'OCCASION DE LA CÉRÉMONIE D'INAUGURATION

DE LA STATUE

DE

LE VERRIER

SOUS LA PRÉSIDENCE

DE

M. FALLIÈRES

MINISTRE DE L'INSTRUCTION PUBLIQUE ET DES BEAUX-ARTS

A L'OBSERVATOIRE DE PARIS

Le jeudi 27 juin 1889.

PARIS

TYPOGRAPHIE DE FIRMIN-DIDOT ET Cⁱᵉ

IMPRIMEURS DE L'INSTITUT DE FRANCE, RUE JACOB, 56

M DCCC LXXXIX

INSTITUT DE FRANCE.

ACADÉMIE DES SCIENCES.

DISCOURS PRONONCÉS

A L'OCCASION DE LA CÉRÉMONIE D'INAUGURATION

DE LA STATUE

DE

LE VERRIER

SOUS LA PRÉSIDENCE

DE

M. FALLIÈRES

MINISTRE DE L'INSTRUCTION PUBLIQUE ET DES BEAUX-ARTS

A L'OBSERVATOIRE DE PARIS

Le jeudi 27 juin 1889.

PARIS

TYPOGRAPHIE DE FIRMIN-DIDOT ET Cⁱᵉ

IMPRIMEURS DE L'INSTITUT DE FRANCE, RUE JACOB, 56

M DCCC LXXXIX

DISCOURS

DE

M. FIZEAU

MEMBRE DE L'ACADÉMIE

AU NOM DU COMITÉ DE SOUSCRIPTION.

MESSIEURS,

Si jamais un hommage sincère et désintéressé a été rendu à un homme célèbre, c'est bien celui que nous rendons aujourd'hui au grand astronome Le Verrier.

Chacun reconnaîtra que ce n'est qu'un acte de justice, si l'on veut bien rappeler à sa mémoire les grands travaux et les succès éclatants par lesquels Le Verrier a jeté un si grand lustre, sur l'Observatoire, sur le Bureau des Longitudes, sur l'Académie des Sciences, et sur la Patrie elle-même.

Réunis autour de ce marbre, dû à l'heureuse inspiration et au ciseau habile de Chapu, marbre qui conservera à la postérité l'image de Le Verrier comme une preuve durable de l'admiration de ses contemporains, nous devons rappeler, avant toutes choses, que si ce but a été atteint, c'est grâce à une souscription publique, libre et généreusement couverte en France et dans tous les pays où les sciences sont en honneur.

C'était en 1877, la Science venait de perdre Le Verrier. Le bureau de l'Académie, dont j'avais l'honneur de faire partie, décida la formation d'un comité et l'ouverture d'une souscription publique afin d'élever un monument au grand astronome.

Je viens aujourd'hui, au nom de ce comité, rendre compte au public et aux nombreux souscripteurs français et étrangers du résultat de cette souscription, et de l'emploi des fonds qui nous ont été confiés.

Je n'ai pas à énumérer devant vous les grandes choses accomplies par Le Verrier; vous allez entendre, dans un moment, plusieurs de nos savants collègues de l'Académie, qui ont bien voulu se charger de rappeler, avec l'autorité qui leur appartient, et l'œuvre de Le Verrier et ses titres aux hommages que nous lui rendons.

Mais, avant tout, qu'il me soit permis d'exprimer nos regrets de ne pas voir au milieu de nous plusieurs membres du comité, qui nous ont été enlevés avant que le but ait pu être atteint, et qui seraient aujourd'hui si heureux de prendre part à cette fête.

C'est Dumas, à qui nous devons un éloquent appel aux souscripteurs.

C'est Milne Edwards, dont le dévouement et le zèle ne se sont jamais ralentis.

C'est Tresca, plein de cœur et de ressources.

Et vous, Surell! et vous, Maurey! camarades et amis de Le Verrier, vous dont les yeux étaient remplis de larmes aux premières séances du comité; quelle serait votre joie aujourd'hui!

Cependant les souscripteurs s'empressèrent de s'inscrire de toutes parts, à Paris et dans les départements; un grand nombre de sociétés savantes, de conseils généraux, d'Académies des arts, sciences et belles-lettres, de sociétés agricoles et industrielles, votèrent de larges souscriptions collectives.

D'illustres représentants de la science dans toutes les parties du monde envoyèrent leur adhésion et de généreuses offrandes.

Le total des ressources, mises ainsi libéralement à la disposition du comité, atteignit enfin la somme de 31559 fr. 65 c., somme qui a permis de donner au monument le caractère d'importance et de perfection que chacun peut apprécier aujourd'hui.

En présence de ces témoignages sympathiques de l'admiration publique, la tâche du comité paraissait facile, et rien ne semblait devoir retarder l'accomplissement de sa mission.

Sous le ciseau du grand artiste qui avait bien voulu nous donner son concours, l'image de Le Verrier se dégageait peu à peu d'un énorme bloc de marbre de Carrare, accordé par l'État, avec une souscription du Ministère de l'Instruction publique et des Beaux-Arts. Un modèle du piédestal était construit sur les dessins de M. Magne et promettait de compléter le monument de la manière la plus heureuse.

Cependant il fallait déterminer, de concert avec l'autorité publique, l'emplacement où la statue serait érigée ; les démarches faites dans ce but auprès du Ministre de l'Intérieur et du préfet de la Seine obtinrent aisément de leur bienveillance éclairée la désignation d'un point de la voie publique, voisin de l'Observatoire et qui paraissait répondre à toutes les convenances ; tout faisait présumer que la Ville de Paris s'empresserait d'autoriser ce projet qui permettait, sans aucune dépense de sa part, d'embellir la voie publique d'une œuvre d'art de premier ordre, destinée à honorer les Sciences.

Mais, nous avons le regret de le dire ici, les prévisions du comité ne se sont pas réalisées ; ses soins, ses démarches multipliées sont restés sans résultats et l'on s'est heurté à des obstacles persistants qu'il a bien fallu, après plusieurs années d'attente, considérer comme insurmontables.

Sans rechercher ici les motifs probables d'une telle décision, rappelons que Le Verrier avait été nommé directeur de l'Observatoire sous l'Empire ; il était sénateur. Mais sous l'Empire aussi il avait été brusquement disgracié ; et c'est seulement sous la République qu'il était rentré à l'Observatoire pour y terminer bientôt sa carrière. On sait encore que Le Verrier était religieux ; et qui aurait qualité pour le lui reprocher ? qu'il avait un caractère altier, une éloquence rude et redoutable pour ses contradicteurs ; seraient-ce là des griefs ? Nous n'avons donc qu'à constater l'étonnement que la décision dont il s'agit a causé parmi tous les amis des Sciences.

A ce propos et quelque sérieux que soit le sujet, nous

demandons la permission d'imaginer un moment que la statue de Le Verrier, suivant l'exemple légendaire de la *statue du Commandeur*, se soit animée quelques instants pour se rendre de l'atelier de Chapu à l'Hôtel de Ville. Voilà peut-être ce qu'il aurait fallu pour vaincre toute résistance !

Cependant le comité, secondé par les vues libérales de l'administration supérieure, se tourna bientôt vers une solution nouvelle, qu'il pouvait réaliser sans rien sacrifier des exigences et des convenances qu'il était de son devoir de sauvegarder.

Avec l'approbation du Ministre de l'Instruction publique et des Beaux-Arts, et l'avis favorable du directeur et du conseil de l'Observatoire, le comité a été autorisé le 4 août 1888 à placer le monument au milieu de la cour nord de l'Observatoire de Paris, à la condition de conserver tous les frais à sa charge, y compris ceux du piédestal et des substructions, condition qui fut acceptée.

Les travaux, commencés immédiatement, ont été conduits par M. Magne avec toute l'activité possible. Retardés pendant quelque temps par des substructions jugées nécessaires à la solidité du sol que l'on savait traversé par certaines galeries des catacombes, retardés aussi par l'exécution des deux bas-reliefs que M. Chapu avait bien voulu joindre à son œuvre, ces travaux ont pu bientôt être terminés dans les meilleures conditions d'élégance, de stabilité et de durée. Ajoutons que, pour les inscriptions gravées sur le piédestal, on a pris l'avis de la commission spéciale de l'Académie des Inscriptions et Belles-Lettres.

Les travaux étant achevés aujourd'hui, le comité, autorisé par M. le Ministre de l'Instruction publique qui a bien voulu venir présider cette séance, a l'honneur de faire la remise du monument de Le Verrier à l'Observatoire national, en le confiant à la garde du directeur, du conseil et des astronomes ; il dépose en même temps, pour être conservé dans les archives de l'établissement, un dossier renfermant les pièces relatives à la souscription et à l'emploi des fonds, ainsi qu'un registre d'honneur consacré aux noms de tous les souscripteurs.

Qu'il nous soit permis, en terminant ce compte rendu, d'émettre l'espoir, que les efforts réunis des souscripteurs, du comité, du statuaire, de l'architecte, secondés par les soins pieux de la famille Le Verrier, auront réussi à donner satisfaction au sentiment spontané et généreux qui s'est manifesté d'une manière si universelle et si vive, afin d'honorer à jamais un grand homme et une grande œuvre !

DISCOURS

DE

M. J. BERTRAND

SECRÉTAIRE PERPÉTUEL

AU NOM DE L'ACADÉMIE DES SCIENCES

MESSIEURS,

Le Verrier compte encore parmi nous des témoins de ses immenses travaux, des collaborateurs dépositaires et gardiens de ses traditions, des auditeurs nombreux de ses doctes leçons, mais le monde savant tout entier, parlant plus haut encore que nos souvenirs, devance nos louanges par son admiration, grandit nos hommages en s'y associant.

Cette image restera la plus éloquente des leçons pour ceux qui pourraient croire en franchissant le seuil de l'Observatoire, qu'une science assurée de sa perfection y invite à suivre sans effort, par des études faciles, une route à jamais conquise. Il n'en est pas encore, jamais peut-être il n'en doit être ainsi.

La Science marche toujours et le savant doit lutter sans
cesse. L'ignorance d'un siècle est l'espoir réservé au siècle
suivant et les inventeurs les plus illustres, quand ils l'ont
glorieusement diminuée, la laissent comme ils l'ont reçue,
toujours inépuisable et toujours infinie. Le Verrier l'a
compris au début de sa carrière et s'est vaillamment mis à
l'œuvre. Alphonse le Sage ne fut pas un grand astronome,
pas même un grand roi; il est resté célèbre surtout par
une exclamation impertinente et trop souvent admirée :

« Si Dieu, disait-il un jour, m'avait consulté sur la
marche des astres, je lui aurais peut-être donné de bons
conseils. »

Ni Kepler, ni Newton, ni d'Alembert, ni Clairaut, ni
Lagrange, ni Laplace, ni Le Verrier n'auraient proféré un
tel blasphème. Le ciel ne donne que de grandes et belles
leçons, d'autant plus admirables qu'on observe mieux et
qu'on calcule plus juste.

Le cours régulier des astres n'a plus pour nous de
secrets. Tel est, depuis trois siècles, à chaque pas nouveau, le cri de triomphe qui, toujours le même, salue des
gloires toujours nouvelles, des conquêtes toujours im-
prévues.

Quand le chanoine de Thorn pressait de ses mains mou-
rantes l'exemplaire enfin terminé du Traité des révolutions
célestes, il léguait aux lecteurs de son beau livre des lois
précises et certaines et ses contemporains pouvaient dire
avec justice et fierté : « Les planètes, grâce à Copernic,
n'ont plus pour nous de secrets. »

Kepler, bientôt après, sans démentir en rien celui qui
fut son maître, a cru, par un pas nouveau et digne d'un

géant, atteindre le sommet et dire le dernier mot. Il a tracé la route véritable des planètes, sans rien demander de plus; Kepler s'incline et glorifie le Dieu qui les guide. Le ciel, grâce à Kepler, n'aura plus de secrets.

C'est là ce qu'à Cambridge on enseigne à Newton. Il ne contredit rien, mais fait un pas de plus, un pas plus grand encore que celui de Kepler. Il découvre l'attraction du Soleil, prouve jusqu'à l'évidence qu'elle s'étend aux planètes et ses admirateurs, en portant sa dépouille à Westminster, peuvent s'écrier avec conviction, disons même avec certitude : « Le ciel, grâce à Newton, n'a plus pour l'homme de secrets. » L'ardeur redouble au contraire. Clairaut, d'Alembert, Euler et Lagrange trouvent dans une lutte glorieuse une gloire immortelle.

Laplace, plus jeune qu'eux, résume et juge les travaux de cette brillante pléiade, les complète, les accroît, n'y laisse aucune lacune. Ses contemporains, dans leur admiration, le nomment le Newton de la France, et une fois encore on s'écrie : « La Mécanique céleste de Laplace ne laisse plus dans le ciel de secrets ! »

Que signifie ce triomphe toujours renouvelé pour une conquête toujours la même ?

C'est qu'avec notre science grandit notre horizon. Les preuves, en succédant aux preuves, font naître de nouveaux désirs et introduisent de nouveaux doutes. Copernic comptait les degrés, Newton ne se souciait guère des minutes, Laplace ne s'en contentait par et Le Verrier pour quelques secondes était prêt à recommencer une théorie. Une telle précision n'est pas facile; la patience la plus tenace serait loin d'y suffire. Il faut un jugement ferme et droit pour discuter les formules suspectes, une ingénieuse sagacité pour les remplacer. Les calculs de Le Verrier suffiraient pour lui assurer une place ineffaçable dans l'histoire de la Mécanique céleste. La découverte de Neptune l'élève, sans contestations, dans le groupe des plus illustres.

Rebelle à toute théorie, manquant dans sa marche capricieuse à tous les rendez-vous du calcul, Uranus, tantôt en retard, tantôt en avance, semblait insulter aux formules, c'est-à-dire aux principes, car les calculs plus d'une fois vérifiés ne laissaient voir aucune faute. La loi de Newton serait-elle en défaut? Pourquoi pas? A quelques milliards de kilomètres de distance, l'action du Soleil pourrait devenir moins immédiate et son influence moins régulière. Clairaut avait cru l'attraction altérée par la petitesse des distances. Pourquoi ne le serait-elle pas par leur immensité?

Le Verrier avait foi dans une science tant de fois éprouvée; il chercha avec confiance la grandeur et la marche de la troublante nécessaire d'Uranus. Jamais plus beau problème n'est apparu comme plus difficile. Le nombre des inconnues, plus grand que celui des équations aurait enlevé tout espoir à un géomètre rigoureux et prudent.

Le problème n'est pas pur, disait Poinsot, et il avait raison. Le Verrier, sans s'en inquiéter, voulait le résoudre et l'acceptant tel que les faits connus le lui proposaient, il prit sans hésiter pour armes les hypothèses sans lesquelles rien n'était possible.

Tel a été longtemps contre sa gloire le grief sans cesse

répété. De quel droit supposait-il la planète deux fois plus éloignée qu'Uranus? Qui l'autorisait à déclarer l'orbite circulaire et l'inclinaison nulle? Ces données arbitraires pouvaient, auxiliaires infidèles, trahir son zèle et faire tout échouer. Le hasard l'a servi, disait-on. Pourquoi ne pas pousser l'objection jusqu'au bout? Si la planète n'avait pas existé, Le Verrier ne l'aurait pas trouvée.

Avouons donc qu'il a eu du bonheur, mais n'oublions jamais que ces bonheurs n'arrivent qu'à ceux qui en sont dignes.

La vie entière de Le Verrier justifie cette vérité. Il n'est pas nécessaire d'en dire ici les succès nombreux et variés. Son rôle n'est pas de ceux que l'on puisse oublier; il est inscrit dans des monuments plus durables encore que ce beau marbre, digne comme eux de traverser les siècles, souvenir doublement immortel de l'illustre astronome Le Verrier et du grand statuaire Chapu.

DISCOURS

DE

M. LE CONTRE-AMIRAL E. MOUCHEZ

MEMBRE DE L'ACADÉMIE
DIRECTEUR DE L'OBSERVATOIRE DE PARIS.

MESSIEURS,

Il appartient à des voix plus autorisées que la mienne, de rappeler, dans cette circonstance mémorable pour l'Observatoire de Paris, les grands travaux de mécanique céleste de Le Verrier, et sa magnifique carrière scientifique qui a jeté un si vif éclat sur la science française.

Ma tâche est plus modeste; comme directeur de l'Observatoire, j'ai d'abord à remercier, en son nom et au mien, le comité de la statue et son éminent président, ainsi que la digne famille de mon illustre prédécesseur, de la juste et excellente pensée qu'ils ont eue de choisir pour son emplacement celui que nous lui consacrons aujourd'hui avec la bienveillante autorisation de M. le Ministre de l'Instruction publique.

Depuis deux siècles cette place était vide et cette froide et sévère façade du monument de Perrault restait muette

devant le visiteur; depuis bien longtemps notre Observatoire national semblait attendre la venue d'un savant hors
ligne, dont la vie et les travaux fussent dignes de représenter son glorieux passé, d'en présager l'avenir, et de servir d'exemple aux futures générations d'astronomes.

Si l'attente a été longue, elle est bien pleinement justi-
fiée aujourd'hui.

Il eût été facile, sans nul doute, de trouver dans la longue
liste des anciens astronomes de l'Observatoire et les pré-
décesseurs de Le Verrier, plusieurs savants, que leurs travaux, leurs découvertes et l'étendue de leur science eus-
sent rendus dignes d'un tel honneur; mais ce n'est certes pas
les déprécier de dire qu'aucun d'eux ne l'a mérité à un
si haut point que Le Verrier.

Aucun d'eux, en effet, n'a produit une plus merveilleuse
découverte que celle qui, tout en doublant l'étendue de
notre monde solaire, est venue démontrer d'une manière si
éclatante la vérité des lois de la gravitation universelle et
la puissance du calcul, — aucun d'eux n'a produit, en
même temps, un plus immense labeur que la théorie complète du système solaire et les tables universellement em-
ployées aujourd'hui pour en calculer les mouvements; —
œuvre si énorme, qu'on a peine à comprendre qu'un homme
ait eu assez de confiance en lui-même, pour oser l'entreprendre seul, assez de puissance de travail et d'énergique
persévérance pour en poursuivre la complète exécution.

Ce ne fut que vers la fin de sa vie, quand il sentit ses
forces s'affaiblir sous l'atteinte du mal auquel il allait suc-
comber, qu'il prit comme collaborateur notre éminent chef
du Bureau des Calculs, M. Gaillot, sur le dévouement du-

quel il put également se fier pour surveiller après sa mort la publication des derniers volumes.

Aucun plus grand astronome, aucune plus brillante illustration scientifique ne pouvait donc mieux personnifier l'Astronomie française au seuil de notre grand Observatoire national.

Par suite d'une regrettable ingratitude des astronomes contemporains et d'une plus coupable indifférence des astronomes français, le nom de Le Verrier, bien justement donné par Arago à la nouvelle planète si merveilleusement découverte, ne lui fut pas conservé. Cependant jamais un tel honneur qui aurait, pour toujours, inscrit dans le ciel le nom de l'illustre astronome et maintenu sa popularité pour un long avenir, n'aurait été mieux mérité; il aurait été certainement bien autrement justifié que celui qui s'attache ainsi au nom du plus obscur observateur, qu'un simple et heureux hasard conduit à apercevoir une nouvelle comète dans le champ de sa lunette.

Outre les admirables travaux de mécanique céleste qui rendent au moins impérissable le nom de Le Verrier dans l'histoire de l'astronomie, et dont le résumé n'occupe pas moins de 14 volumes in-4° de la collection des Mémoires de l'Observatoire, on doit encore à cet astronome plusieurs importants services rendus à la science, qui, seuls, auraient suffi à illustrer la carrière d'un savant.

C'est à lui que sont dus la réorganisation complète de l'Observatoire et les règlements de service intérieur, tels que nous continuons à les exécuter aujourd'hui.

Son célèbre prédécesseur Arago, qui avait pendant plus de trente ans dirigé l'Observatoire de Paris, comme délégué du Bureau de Longitudes, s'était surtout illustré par ses belles découvertes en physique, en optique, en magnétisme terrestre. L'astronomie n'y était sans doute pas abandonnée, car c'est même à Arago que Le Verrier dut les premiers conseils et les premiers encouragements pour la recherche de la planète inconnue que l'on soupçonnait déjà être la cause des perturbations inexplicables d'Uranus; mais, bien que les observations principales fussent assez régulièrement pratiquées, elles n'avaient pas conservé l'importance prépondérante, qu'elles doivent toujours avoir dans le premier observatoire de France.

Aussitôt que Le Verrier prit la succession d'Arago, il leur donna une vigoureuse impulsion; il améliora ou fit refaire l'ancien matériel d'observation pour le mettre au niveau des progrès accomplis dans les principaux observatoires, et il entreprit l'œuvre considérable de la réobservation des 48000 étoiles de l'*Histoire céleste* de Lalande.

Pendant le demi-siècle écoulé depuis la construction de ce grand catalogue, le mouvement propre des étoiles avait sensiblement modifié leurs anciennes positions qui ne répondaient plus aux nouvelles exigences de l'astronomie. Le Verrier, chez qui le patriotisme était à la hauteur de la science, ne voulut pas que la France laissât aux étrangers le soin de refaire l'œuvre considérable de Lalande, comme on leur avait déjà laissé bien à tort l'honneur de sa publication, et une notable partie du service méridien fut dès lors exclusivement consacrée à ce travail.

Après la mort de Le Verrier, l'Observatoire de Paris n'a cru pouvoir servir plus utilement la science qu'en suivant avec persévérance la voie qu'il avait tracée; cette œuvre si importante, aujourd'hui à peu près terminée, et en cours de publication, aura coûté plus de trente années de travail à notre laborieux personnel.

Une des qualités les plus remarquables et les plus fécondes de Le Verrier était cette admirable perspicacité qui lui permettait de discerner à première vue le point important à résoudre dans les questions les plus ardues de la mécanique céleste, aussi bien que le côté utile et vrai dans toute découverte, dans toute idée nouvelle du domaine de la science.

C'est ainsi qu'il comprit de prime abord la grande valeur des travaux d'optique de Foucault, ses nouveaux procédés si ingénieux pour la taille, le polissage, l'argenture des grands objectifs et miroirs, et qu'après les avoir encouragés de toutes ses forces, il les utilisa pour la construction du grand télescope de 1^m,20 d'ouverture aujourd'hui en usage à l'Observatoire. Et dans la crainte, malheureusement trop fondée, que le ciel de Paris ne fût pas assez pur pour donner à ce magnifique instrument toute sa puissance de pénétration, il obtenait du gouvernement la création sous le beau ciel de Marseille de l'important observatoire de *Longchamp* qui, sous l'habile direction de M. Stéphan, rend depuis cette époque de si réels services à la science. Il est très regrettable que les circonstances n'aient pas permis, comme le voulait Le Verrier, d'y transporter le grand télescope qui perd une notable partie de son pouvoir optique dans l'atmosphère si troublée d'une grande ville comme Paris.

C'est encore avec cette rapide intuition de la vérité que Le Verrier comprit, dès les premières communications à l'Académie, la fraude inqualifiable dont était victime un de nos plus savants et vénérés confrères qui croyait, à l'aide de pièces falsifiées par un habile malfaiteur, pouvoir revendiquer pour la France la gloire de la découverte des lois de la gravitation universelle. Le Verrier, plaçant la probité scientifique et l'amour de la vérité au-dessus de tout sentiment de rivalité internationale, sut déjouer cette fraude, et par une longue et habile discussion, par une dialectique des plus remarquables, conserver à Newton la gloire de ses admirables travaux.

C'est également ainsi que Le Verrier, étudiant la tempête qui, après avoir traversé l'Europe en novembre 1854, vint s'abattre sur les flottes alliées devant Sébastopol et occasionner la perte du vaisseau le *Henri IV*, fit la découverte de la marche du cyclone sur notre continent, et conçut immédiatement l'idée de fonder un réseau de télégraphie météorologique internationale, à l'aide duquel il deviendrait possible de suivre les tempêtes dans leur route, généralement de l'ouest à l'est, pour prévenir en temps utile toutes les localités, toutes les côtes menacées par l'approche de ces désastreux météores. Ce fut un véritable et grand service rendu ce jour-là à l'humanité par notre illustre compatriote.

Malheureusement, si les bonnes idées abondent en France, le sens pratique et la décision pour les utiliser nous font trop souvent défaut, et il arriva alors ce qui nous arrive si fréquemment : ce furent les étrangers qui, en réalisant les premiers ce grand projet, nous en montrèrent toute la valeur.

Malgré la haute et légitime autorité dont jouissait alors

Le Verrier, il n'était encore parvenu, après plusieurs années, qu'à créer quelques échanges de télégrammes météorologiques pour l'étude des grands mouvements de l'atmosphère, quand l'amiral anglais Fitz-Roy, aussi savant météorologiste qu'habile navigateur, comprenant toute l'importance pour la marine anglaise de la découverte de Le Verrier, organisa à Londres, en 1859, le centre d'un réseau de télégraphie météorologique d'avertissements de tempêtes et de signaux, aux ports des îles Britanniques.

Ce ne fut que sur les vives réclamations de nos marins des ports *de la Manche*, que le gouvernement français se décida d'abord à demander à l'amiral Fitz-Roy d'étendre son service à nos côtes, puis, un peu plus tard, à donner à Le Verrier les moyens nécessaires pour créer à Paris ce service central de télégraphie météorologique qu'il avait conçu le premier et réclamé depuis si longtemps, non seulement dans l'intérêt de la marine, mais aussi de l'agriculture et des besoins de la vie usuelle.

La mort tragique de Fitz-Roy, survenue en 1863, ayant subitement désorganisé le service anglais pendant quelque temps, donna une plus grande importance à celui que Le Verrier venait d'inaugurer à Paris et qu'il étendit alors à une partie de l'Europe occidentale.

Pour assurer l'avenir de ce service et pour donner en même temps une plus vive impulsion à la vulgarisation des sciences, Le Verrier fondait, en 1864, l'*Association scientifique*, dont le succès fut si considérable dans toute la France. Fusionnée récemment avec une société plus jeune, mais ayant le même but, elle est devenue l'*Association française pour l'avancement des sciences*, qui tient chaque année ses assises dans une des principales villes de France ou d'Algérie, et suscite partout un si vif intérêt, un si précieux concours de toutes les bonnes volontés.

Malgré le changement de nom de cette société, c'est bien Le Verrier qui a été le véritable initiateur de cet heureux et fécond mouvement scientifique.

Ce fut à l'occasion de ce service météorologique que m'étant trouvé chargé en 1861 par le Ministre de la Marine, M. de Chasseloup-Laubat, d'aller en Angleterre m'entendre avec l'amiral Fitz-Roy pour l'extension de ses signaux d'avertissements de tempêtes sur nos côtes de la Manche, je dus de commencer avec Le Verrier les affectueuses relations dont il a bien voulu m'honorer jusqu'à son dernier jour. Je m'étais efforcé de concilier l'accomplissement de ma mission avec les égards dus à notre illustre compatriote et avec les droits qu'il avait acquis, par sa découverte, à organiser et à diriger lui-même ce service en France.

Ayant eu depuis cette époque de très fréquentes occasions de le voir à toute heure à l'Observatoire, j'ai pu être témoin de la puissance de travail, de l'étonnante énergie avec lesquelles il poursuivait, sans un seul jour de repos et malgré ses continuelles souffrances physiques, non seulement l'immense labeur qu'il s'était imposé en astronomie, mais aussi tous les travaux, toutes les études si diverses qu'il dirigeait avec la même ardeur, et qui semblaient encore insuffisantes à satisfaire son infatigable activité.

Très malheureusement depuis longtemps sa santé était profondément atteinte; ce n'est pas impunément en effet qu'on trouble ainsi l'équilibre de toutes les forces vitales, en les consacrant trop exclusivement aux travaux intellectuels exigeant une extrême tension d'esprit, et tant d'années de réclusion et d'immobilité dans le cabinet de travail ; c'est à peine si à la fin des nuits il accordait quelques heures de repos à ses facultés surmenées. Il en était résulté une grave et longue maladie qui avait fini par altérer aussi son caractère.

Il la sentit bientôt incurable. Mais au lieu de prendre un repos si nécessaire qui lui était vivement conseillé par tous ses amis et tous ceux qui lui portaient intérêt, et d'essayer de retarder la catastrophe finale, il n'y vit qu'une nécessité de plus de redoubler d'ardeur au travail, afin de ne pas laisser son œuvre incomplète.

Et quand il sentit sa fin imminente, il lui fut possible, par un suprême effort de volonté lorsque déjà une partie de ses facultés étaient éteintes, de la retarder assez pour avoir le temps de corriger ses dernières épreuves et de donner le bon à tirer de ses dernières feuilles.

Son œuvre était achevée.

Il lui avait consacré jusqu'à la dernière lueur de son intelligence, jusqu'au dernier effort de sa vie.

Il expirait peu de jours après, laissant à la France et à la postérité un des monuments scientifiques les plus beaux et les plus considérables qui ait jamais été élevé par un seul homme.

La mort prématurée de Le Verrier a donc été très certainement occasionnée par un excès de travail et par son dévouement absolu à la science. Tous ceux qui avaient l'honneur de l'approcher et de le voir un peu intimement, savaient qu'il ne se faisait plus depuis bien longtemps aucune illusion sur son état, qu'il avait pleine conscience du sacrifice qu'il accomplissait.

Si l'on rend à juste titre tant d'honneur au soldat mort
en combattant, que ne doit-on pas aussi au savant qui,
accomplissant sciemment le même sacrifice de sa vie, avec
la même abnégation, laisse en outre comme héritage à sa
patrie la gloire de ses découvertes, et à l'humanité un
nouveau progrès dans la connaissance de l'Univers, une
lueur de plus dans cet obscur et mystérieux inconnu qui
nous enveloppe de toute part.

En consacrant aujourd'hui ce monument à la mémoire
de Le Verrier dont le nom ne fera que grandir dans la postérité, nous sommes donc certains d'être les fidèles inter-
prètes, non seulement des astronomes français, mais
encore des savants de toutes les nations, de celles au moins
qui n'imposent pas de frontières à la science, que la grandeur de l'homme se mesure surtout à la grandeur de son
intelligence et au noble et utile usage qu'il sait en faire.

Aussi cette simple et laconique inscription placée au
pied de cette belle statue : *Souscription internationale*,
résume-t-elle en réalité, dans sa remarquable et fière con-
cision, l'hommage le plus beau, le plus rarement décerné
qu'on pût y graver.

C'est donc avec un légitime orgueil que l'Observatoire
de Paris se place aujourd'hui sous l'égide du plus illustre
de ses directeurs, dont le génie a égalé celui des immortels
fondateurs de l'astronomie, et qui a été si justement qua-
lifié par le doyen, et l'un des plus éminents astronomes
de ce siècle, G. Airy, d'un titre qu'on ne pourra plus
jamais omettre de citer quand on parlera de Le Verrier :
le géant de l'astronomie moderne.

DISCOURS

DE

M. TISSERAND

MEMBRE DE L'ACADÉMIE

AU NOM DU BUREAU DES LONGITUDES.

MESSIEURS,

Le monde céleste s'agrandit tous les jours. Il y a loin du ciel de Ptolémée à celui que nous ont révélé les télescopes d'Herschel, et la photographie nous dévoile aujourd'hui des aperçus plus grandioses encore. Cependant notre curiosité est inépuisable, et quelle que soit la splendeur du ciel qu'il nous est donné de contempler, nous voulons en connaître davantage. Nous cherchons à savoir ce qu'il était dans les temps les plus reculés, ce qu'il deviendra dans l'avenir le plus lointain. Il nous semble qu'ainsi notre esprit prend une revanche sur les conditions do briéveté et do faiblesse de notre existence. Aussi les recherches des astronomes occupés à étudier les forces mises en jeu dans l'Univers, et à prédire leurs effets, ont-elles toujours excité le plus vif intérêt. Newton est le créateur de cette science admirable. Les géomètres et les astronomes français ont contribué pour une large part à son développement; parmi eux, Le Verrier occupe une place d'honneur. Je suis heureux que la nature de mes études m'ait mis à même de suivre et d'admirer ses travaux, et je remercie la famille de l'illustre astronome d'avoir pensé à moi pour retracer aujourd'hui quelques-unes de ses découvertes.

Le premier Mémoire de Le Verrier remonte à 1839; il traite d'une des questions les plus élevées de l'astronomie, de la stabilité du système planétaire. Si les lois de Kepler étaient rigoureusement exactes, les planètes décriraient indéfiniment des orbites invariables, et l'étude complète de leurs mouvements serait des plus faciles. Mais le principe de la gravi'ation, si simple dans son énoncé, entraîne des effets d'une complication extrême, entrevus par Newton, mis successivement en lumière par Euler, Clairaut, d'Alembert, Lagrange, et surtout par Laplace dans son admirable *Traité de Mécanique céleste.* Ces complications ont paru longtemps de nature à compromettre l'harmonie de notre système, et à faire craindre pour lui dans l'avenir des changements considérables. C'est un des plus beaux titres de Laplace d'avoir montré qu'au milieu de ce désordre apparent quelques résultats simples subsistent néanmoins, et qu'en somme le système solaire ne fait qu'osciller autour d'une position moyenne; c'est en cela que consiste sa stabilité. Pour que cette stabilité soit assurée, il faut toutefois que les amplitudes des oscillations soient petites, et, sur ce point, le calcul seul peut prononcer. Ce calcul long et difficile a été entrepris par Le Verrier; le résultat a confirmé les conclusions de Laplace tout en leur donnant une rigueur et une étendue qu'elles ne comportaient pas encore. Dans ce travail magistral, Le Verrier ne s'est pas montré seulement un calculateur hors de pair; il a fait preuve d'une originalité saisissante, surtout par la découverte des régions de moindre stabilité qui répondent aux astéroïdes et à Mercure, et paraissent de nature à expliquer les inclinaisons notables de leurs orbites. Les calculs précédents supposent connus certains nombres que le progrès des observations apprend à déterminer avec une précision sans cesse croissante. On peut donc se demander si l'on ne sera pas obligé de les recommencer à des époques assez rapprochées. Ce surcroît de travail n'est pas à craindre; Le Verrier a voulu l'épargner à ses successeurs en ayant égard à l'avance aux modifications que des données plus précises pourraient apporter à ses résultats, si bien que, le moment venu, quelques minutes de calculs suffiront à ramener son travail au niveau de la science. Cette belle théorie n'est incomplète que sur un point : Le Verrier ne pouvait pas tenir compte de Neptune qu'il devait découvrir sept ans plus tard.

Rien de plus différent que les découvertes d'Uranus et de Neptune. Dans une soirée d'observation, Herschel rencontre fortuitement Uranus dont le disque sensible attire son attention. C'est un hasard heureux qui ne serait peut-être pas offert à un astronome moins zélé; mais enfin c'est un hasard. Après plus d'une année de profonds calculs, sans jamais regarder le ciel, Le Verrier annonce qu'en y cherchant à une place indiquée par lui, on trouvera une planète inconnue jusqu'alors, beaucoup plus grosse que la Terre, plus importante encore qu'Uranus. Un astronome de Berlin, M. Galle, au reçu de la lettre de Le Verrier, dirige sa lunette sur le point indiqué, et la planète s'offre immédiatement à ses yeux. La découverte causa une profonde sensation dans le public scientifique. On en a raconté cent fois les circonstances, et sa place est marquée dans tous les ouvrages, depuis l'humble manuel de cosmographie destiné à nos enfants, jusqu'au savant traité accessible aux initiés seulement. Il faut cependant en reparler aujourd'hui devant cette statue où un artiste éminent l'a si heureusement symbolisée.

Quarante ans après sa découverte, Uranus causait aux astronomes les plus cruels soucis; sa marche à travers les constellations présentait des irrégularités inexpliquées, rebelles à tous les efforts. L'opinion s'était faite peu à peu que ces dérangements pouvaient être produits par l'attraction d'une planète inconnue; en 1845, Arago signala la question à Le Verrier, jugeant sur ses premiers travaux qu'il était homme à la résoudre. Le Verrier se met à l'œuvre; il commence par réduire le désaccord en calculant avec plus de précision les attractions des planètes connues. Entre ses mains, les erreurs se fondent singulièrement; elles se bornent maintenant à ceci, que depuis sa découverte Uranus entre chaque jour dans la lunette qui l'attend au méridien tantôt en avance, tantôt en retard, mais jamais de plus d'une seconde. C'est cependant de ces faibles écarts qu'il fallait partir pour remonter à la position de l'astre perturbateur! Tout autre astronome, jugeant le problème impossible, aurait décidé d'attendre que le temps, en permettant aux perturbations de se développer, vînt apporter des données plus complètes. Le Verrier aborde néanmoins la question avec une confiance inébranlable; il écarte tous les obstacles semés sur sa route, et au bout d'une année de travail, il dit à l'Académie : « La planète est là, je connais déjà sa position à dix degrés près. » Il perfectionne sa solution, et Galle découvre Neptune à moins d'un degré de la position calculée.

A ceux qui, par un penchant malheureusement assez fréquent, seraient portés à diminuer l'éclat de la découverte de Le Verrier, en disant que chaque année nous apporte en moyenne une dizaine de petites planètes nouvelles, nous répondrons, sans vouloir déprécier en rien le mérite des astronomes qui se consacrent à ces pénibles recherches, nous répondrons que ces petits astres circulent dans la même région de notre Système, qu'il en faudrait peut-être plus de cent millions pour former une Terre égale à la nôtre, tandis que Neptune a doublé l'étendue du système solaire accessible à nos observations, et que sa masse vaut près de vingt fois celle de la Terre. Enfin, c'est au hasard qu'on découvre les petites planètes; le calcul ne fournit jamais aucun indice sur les endroits où l'on peut les rencontrer.

En même temps que Le Verrier, un jeune astronome anglais, aujourd'hui à la tête de la Science, M. Adams, cherchait de son côté par le calcul la troublante d'Uranus, et donnait du problème une solution élégante qui n'a été

communiquée au monde scientifique qu'après la découverte
effective de Neptune. La gloire de la découverte appartient donc sans conteste à notre illustre compatriote.

Enhardi par le triomphe qu'il vient de remporter,
Le Verrier conçoit dès 1849 le plan d'un travail immense.
Remarquant que les Tables les plus précises laissent encore
à désirer, il veut reprendre les théories de toutes les planètes : « Tout écart, dit-il, décèle une cause inconnue,
« et peut devenir la source d'une découverte..... Il faudra
« donc, avant tout, reprendre les théories des mouvements
« des planètes, les scruter jusque dans leurs dernières
« conséquences, et examiner si les nouvelles formules
« pourront représenter les observations avec toute l'exac-
« titude dont elles sont susceptibles..... De nouvelles
« recherches conduiront sans doute à des résultats inat-
« tendus, tout en éclaircissant plus d'un point encore obs-
« cur de la Physique céleste. Je me suis hasardé à les
« entreprendre, sans présumer de les mener à bonne fin,
« mais aussi sans désespérer d'y parvenir, » Ce travail
herculéen que Le Verrier a commencé en 1849, il l'a con-
tinué jusqu'à sa mort, et il a eu le bonheur et la gloire de
l'exécuter à lui seul. Ses prévisions ont été amplement réalisées, et sans entrer dans des détails qui ne sauraient
trouver place ici, nous rappellerons quelques-uns des plus
beaux résultats obtenus.

Les théories de Mercure, de Vénus, de la Terre et de
Mars ont des éléments communs. Chacune d'elles a conduit Le Verrier à la même conséquence imprévue : les astronomes regardaient comme très bien connu le nombre qui
exprime combien de fois la masse du Soleil contient celle

de la Terre. Eh bien! ce nombre était trop grand d'un dixième; on pensait qu'il faudrait 36o ooo Terres pour faire un Soleil; il suffit en réalité d'en prendre 330ooo. Il ne fallut pas moins de l'accord des quatre théories pour déraciner un nombre dans lequel les astronomes avaient une confiance illimitée. Une autre conséquence plus tangible en découlait immédiatement; la distance de la Terre au Soleil devait être diminuée de sa trentième partie. Ainsi Le Verrier rapproche du coup la Terre du Soleil de plus d'un million de lieues, et ce beau résultat s'obtient par des observations de Mercure, de Vénus et de Mars, liaison singulière établie par la théorie de la gravitation entre deux ordres de faits qui paraissent tout d'abord n'avoir entre eux aucun rapport! Les deux derniers passages de Vénus, observés dans toutes les régions du globe, ont confirmé les conclusions formulées par Le Verrier dans son cabinet de travail. Il avait pesé Mars presque aussi exactement qu'on a pu le faire depuis avec la plus grande facilité, grâce à la découverte de ses deux petits satellites. La vitesse de la lumière a été déterminée à nouveau par la belle méthode de M. Fizeau, perfectionnée par M. Cornu. Quand on la combine avec un autre élément astronomique, on peut en déduire la distance de la Terre au Soleil; on retrouve encore le nombre de Le Verrier. Comment, en présence de confirmations si nombreuses et si diverses, ne pas conclure à l'exactitude absolue des calculs de l'illustre astronome, et comment ne pas être émerveillé quand on pense qu'à elle seule, la théorie du Soleil a exigé douze volumes in-folio de calculs!

La théorie de Mercure, à laquelle Le Verrier a travaillé

pendant vingt ans l'a conduit à une autre découverte importante qui, grâce aux confirmations précédentes, est établie avec une autorité indiscutable : il est impossible de se rendre compte, dans tous leurs détails, des mouvements de cette planète, sans admettre qu'il existe dans les régions circumsolaires une quantité notable de matière. C'est une conclusion analogue à celle qui a découlé de la théorie d'Uranus dont les irrégularités ont été expliquées par la présence de Neptune. Cette matière qui doit exister entre Mercure et le Soleil est-elle aussi condensée en une seule planète? Le Verrier put le croire un moment à l'annonce de l'observation du docteur Lescarbault. Vulcain et Neptune auraient ainsi merveilleusement complété le système solaire à ses deux extrémités. Cette opinion n'a pas été confirmée par les éclipses de Soleil observées avec tant de soin dans les vingt dernières années. La matière est sans doute dispersée presque à l'état de poussière, sans agglomération sensible en aucun point. Quoi qu'il en soit, les déductions de Le Verrier subsistent tout entières; ses calculs ont été repris récemment par le premier des astronomes américains, complétés à l'aide des dernières observations de Mercure, et corroborés dans leurs moindres détails. Un avenir prochain précisera sans doute la nature de cette matière, apportant un nouveau titre de gloire à celui qui a affirmé son existence.

La dernière partie de la carrière de Le Verrier a été consacrée à l'étude des mouvements des quatre grosses planètes, étude encore infiniment plus complexe que la précédente. L'enchevêtrement des formules est extrême, et l'on ne peut qu'admirer l'auteur qui dirige nettement sa

pensée à travers les symboles et les nombres accumulés.
Il semble qu'on soit bien près du plus haut degré de complication que peut saisir et embrasser l'intelligence humaine. Et cependant, en dépit des difficultés croissantes, Le Verrier veut étendre ses théories bien au delà des limites auxquelles il s'était arrêté jusqu'alors ; ses prévisions et ses calculs vont en effet jusqu'à l'année 3850. Dans 2000 ans, les astronomes perfectionneront sans doute ses résultats, grâce au trésor des documents accumulés ; ils admireront encore l'édifice imposant élevé par Le Verrier sur un siècle et demi d'observations seulement.

Il faut terminer cette énumération déjà longue, et cependant nous n'avons pas parlé de la limite imposée d'avance à la masse totale des petites planètes connues ou inconnues : elle ne dépassera jamais le quart de la masse de la Terre. Nous avons laissé de côté les idées de Le Verrier sur les comètes périodiques que Jupiter nous donne pour un temps, sauf à nous les reprendre plus tard, sur les étoiles filantes de novembre qui proviennent d'une comète qu'Uranus nous a envoyée, il y a quelque chose comme 1700 ans. Nous n'avons rien dit non plus des recherches sur Pallas qui ont fourni à notre grand géomètre Cauchy l'occasion d'écrire un des plus beaux chapitres de la Mécanique céleste, ni du rapport sur l'Observatoire de Paris, dans lequel Le Verrier émet les vues les plus profondes sur toutes les branches de l'astronomie. On se rendra compte néanmoins du rôle immense qu'il a joué dans la Science pendant quarante ans. Il est désormais impossible de parler de la gravitation sans évoquer son nom.

Puisse sa statue, admirablement placée au seuil du tem-

ple d'Uranie, apprendre aux jeunes astronomes que leurs
veilles ne sont pas stériles, que si les résultats de leurs pénibles travaux n'apparaissent pas toujours immédiatement,
un jour arrive où ils sont mis en œuvre au plus grand pro-
fit de la Science et pour le plus grand honneur de la Patrie!

DISCOURS

DE

M. O. STRUVE

DIRECTEUR DE L'OBSERVATOIRE DE POULKOVA.

Messieurs,

Douze ans se sont écoulés depuis que le grand homme dont nous célébrons aujourd'hui la mémoire nous a été enlevé. Douze ans, — période bien longue pour ceux qui l'ont aimé et admiré, mais infiniment courte en comparaison de l'éternité où brillera son nom.

Dans son éloge de Le Verrier, le secrétaire perpétuel de l'Académie a dit très justement : « Au temps seul appartient de consacrer la gloire. » Ces paroles s'appliquent à notre fête. Nous regardons aujourd'hui l'image de Le Verrier détachée des passions qui l'ont entourée de son vivant. L'histoire a déjà gagné le droit de se prononcer.

Il sera réservé à une main plus compétente de vous retracer l'image du grand savant dans la poursuite des études qui lui ont valu la renommée universelle, de vous rappeler ses exploits gigantesques dans le champ de la Mécanique céleste.

Le système solaire, élargi et peuplé par lui, a été le domaine de ses incessants efforts. L'étude des lois qui le régissent a été le problème affectionné de sa vie : il y a été fidèle jusqu'à la fin de ses jours.

C'est dans la poursuite de ce problème que se manifestent le plus distinctement les traits caractéristiques de son être : cette énergie de volonté, cette force de travail, cette clarté et cette facilité de conception, cette logique inébranlable. Ce qu'il se proposait, il l'exécutait.

Imbu des principes d'ordre immuable régnant dans l'Univers par l'action d'une force puissante, Le Verrier, par sa nature même, était porté à les poursuivre sur notre Terre. C'était, pour ainsi dire, l'expression de cette foi profonde qui le dirigeait dans la vie publique et privée.

Nous l'avons vu également appliquer ces principes dans la direction de l'Observatoire et nous admirons les résultats obtenus malgré toutes les difficultés opposées à l'exercice du pouvoir.

Parmi ces difficultés nous signalerons en premier lieu celle qu'il rencontra le jour où il fut appelé à la direction de l'Observatoire : il ne s'était jamais occupé sérieusement d'astronomie pratique : « Jusque-là, comme il le dit luimême, à peine avait-il regardé le ciel dans une lunette. » Mais cette difficulté, son talent la fit disparaître bientôt. En peu de temps nous le voyons juge compétent dans toutes les questions concernant les besoins de cette science pratique : nous le voyons même connaisseur intime des procédés les plus compliqués.

A son entrée, comme directeur, à l'Observatoire, une difficulté plus grave l'attendait : il y a quarante ans, l'Observatoire de Paris jouissait bien encore de la renommée traditionnelle conquise par les travaux de Cassini, on le savait habité par des savants illustres; mais il était languissant, à peine pourvu des instruments les plus nécessaires à la science moderne et il risquait de périr par l'insuffisance de ses moyens d'action.

Dès que la direction en fut confiée à Le Verrier, une nouvelle vie commença à circuler dans ses veines. Avec la vue si claire qui le distinguait, Le Verrier traça le plan d'opération et le mit en œuvre avec cette énergie qui parfois, aux yeux de ses contemporains, le portait trop loin, mais dont aujourd'hui nous recueillons les fruits.

Les quatorze volumes de *Mémoires*, les vingt-quatre volumes d'observations des *Annales de l'Observatoire* publiés sous sa direction, sont des monuments ineffaçables de sa prodigieuse activité. Sur son initiative et d'après ses plans, l'Observatoire fut pourvu d'excellents instruments à l'aide desquels l'établissement a été mis en état de concourir efficacement à l'étude des grands problèmes de l'astronomie pratique et de reprendre son rang traditionnel dans le monde scientifique. Par ses soins, les conditions défavorables où l'Observatoire se trouvait par sa situation au milieu de la capitale, furent réduites en telle proportion, que, dans certains genres d'observations, elles se faisaient à peine sentir. En résumé, Le Verrier a établi les fondements sur lesquels son digne successeur a su porter l'activité de l'Observatoire national à la hauteur éminente qu'il occupe aujourd'hui.

Peut-être, au point de vue des exigences modernes de l'astronomie pratique, est-il à regretter que, par des considérations en partie étrangères à la science, Le Verrier n'ait pas profité de l'occasion qui lui était offerte de pourvoir l'Observatoire d'une succursale située à quelques lieues de Paris : là, les observations n'auraient pas été gênées par les fumées de la ville, par les reflets des innombrables lumières, par les trépidations du sol et autres inconvénients inévitables, inhérents à la situation au milieu d'une population énorme. Mais, à cette époque, Le Verrier croyait mieux faire en transportant la succursale projetée sous le beau climat du sud de la France, en créant le nouvel observatoire de Marseille. La justesse de ce point de vue est bien prouvée par les nombreuses découvertes de nébuleuses, de comètes et d'astéroïdes, favorisées par la transparence de l'atmosphère à cet endroit. Elle l'est également par ces beaux travaux exécutés à l'observatoire de Nice, cet ornement scientifique de la France, dont l'idée de création est due en grande partie aux relations personnelles de Le Verrier avec le généreux fondateur.

Les résultats atteints par Le Verrier dans la renaissance de l'Observatoire sont d'autant plus surprenants qu'à son entrée dans les fonctions de directeur, il ne trouvait à l'Observatoire que très peu d'assistance pour l'exécution de ses projets. Il lui fallait, en premier lieu, se créer des collaborateurs disposés à exécuter ses plans : à plusieurs d'entre eux il fallait même enseigner encore les premiers rudiments de l'usage des instruments. C'est donc à tort que, de différents côtés, on a reproché à Le Verrier de ne pas avoir formé une école. Certainement il aurait manqué sa vocation s'il s'était fait maître d'école dans le sens ordinaire du mot. Mais regardez autour de vous, d'où sont-ils surgis, si ce n'est de l'école de Le Verrier, tous ces talents, tous ces travailleurs ardents de la science, ces habiles astronomes, calculateurs et observateurs, ces opticiens distingués, dont la France se glorifie aujourd'hui? Le service de l'Observatoire a été leur école immédiate : l'esprit, l'exemple et les préceptes de Le Verrier ont fourni le ferment pour faire épanouir les facultés innées.

Des institutions ayant pour but de perfectionner la science pure ne trouveront pas toujours dans le pays l'appui nécessaire si leurs efforts ne tendent pas aussi à fournir des résultats palpables pour le bien public, à payer les sacrifices faits pour la science. Ce fut cette considération qui engagea Le Verrier, après des tentatives infructueuses dans d'autres directions, à imposer à l'Observatoire l'obligation de former un centre des travaux météorologiques du pays. Certainement les astronomes furent bien étonnés de voir Le Verrier, cet esprit si rigoureux, s'engager dans des recherches étrangères à ses travaux et dans une voie où manquaient les bases d'une science exacte : mais sa réponse ordinaire se résumait dans ces mots : « Les « agriculteurs, les vignerons, les marins m'en sauront gré. »

Ce fut le même esprit de patriotisme éclairé qui l'engageait à contribuer par tous les moyens à la formation et au développement de l'Association scientifique de France,

dont l'utilité générale ne peut pas être méconnue. « Intelligence, c'est force. » Ce principe, Le Verrier, lui-même
la personnification de la force basée sur l'intelligence,
tâchait de le faire servir au salut de sa chère patrie.

Messieurs, je ne veux pas m'étendre plus longtemps sur
les services multiples rendus par Le Verrier à la Science,
à la Patrie. Je ne me hasarderai pas non plus dans une
esquisse de son caractère élevé, mais mal compris par
beaucoup de ses contemporains. On me dirait partial et je
conviens que j'ai des raisons de l'être. Entré en relations
directes avec Le Verrier à une époque où son nom était à
peine connu dans le monde scientifique, où il n'était pas
encore entouré de l'auréole de sa grande découverte, j'ai
eu le bonheur d'être honoré de son affectueuse amitié pendant près de trente-cinq ans. Il aimait la franchise et la
sincérité : il dédaignait tout ce qui lui paraissait avoir des
apparences de sentiments équivoques. La confiance mu-
tuelle, c'était le lien qui nous a unis et qui n'a été déchiré
que par sa mort.

Il y a vingt ans, une des sommités astronomiques de ce
siècle, sir Georges Airy, en parlant de Le Verrier, m'écri-
vait ces paroles mémorables : « N'oublions jamais que c'est
« le géant de notre science. » Et ce jugement, si excep-
tionnel pour un contemporain et prononcé par une si
haute autorité, il a été appuyé par les suffrages unanimes
de ses collègues des autres pays : il est confirmé par le
temps. La France toujours disposée à reconnaître le vrai
mérite lui accorde aujourd'hui les plus grands honneurs
dont elle peut disposer en son souvenir.

Messieurs, vous sentez bien combien les astronomes de

tous les pays applaudissent à l'érection de la statue de Le
Verrier devant le sanctuaire de la science qu'il a dirigé
avec tant de succès. — Heureux le pays qui sait honorer
la mémoire de ses grands citoyens! Honneur à la France!

M. le Ministre de l'Instruction publique prononce
ensuite une courte et éloquente allocution, dans laquelle
il rend hommage à la gloire scientifique de Le Verrier,
et remercie les savants français et étrangers qui ont
contribué à l'érection du monument.

Paris. — Typ. Firmin-Didot et Cⁱᵉ Impr. de l'Institut, rue Jacob, 56. — 1889.

www.ingramcontent.com/pod-product-compliance
Lightning Source LLC
LaVergne TN
LVHW010334030726
842520LV00004B/1464